Dirk Konnertz & Christiane Sauer

Entspannen

– fit in 30 Minuten

W0194751

Kids auf der Überholspur

Die deutsche Bibliothek – CIP-Einheitsaufnahme

Ein Titeldatensatz für diese Publikation ist bei
Der Deutschen Bibliothek erhältlich.

Herausgeber: Das LernTeam, Marburg
Lektorat: Hille & Schäfer, Freiburg
Illustrationen, Titel und Layout: Ulf Marckwort, Kassel
Illustration Rücktitel: Martina Foßhag, Kassel
Satz: Frank Werner, Kassel
Druck und Verarbeitung: Salzland Druck, Staßfurt

© 2002: GABAL Verlag GmbH, Offenbach

Hinweis:
Dieses Buch ist sorgfältig erarbeitet worden. Dennoch erfolgen
alle Angaben ohne Gewähr. Weder Autor noch Verlag können für
eventuelle Nachteile oder Schäden, die aus den im Buch gemachten
Hinweisen resultieren, eine Haftung übernehmen.

Printed in Germany

www.gabal-verlag.de

ISBN 3-89749-235-0

auf die Überholspur!

Dieses Buch ist so konzipiert worden, dass du in kurzer Zeit erfährst, wie du mit Hilfe der richtigen Entspannungstechnik eine Menge Kraft gewinnst, um deine Aufgaben in der Schule und in der Freizeit cooler und konzentrierter zu bewältigen.

● Jedes Kapitel beginnt mit drei zentralen Fragen, die im Verlauf des jeweiligen Kapitels beantwortet werden.

● Nach jedem Kapitel werden die wichtigsten Inhalte noch einmal zusammengefasst.

Da dieses Buch so klar und deutlich strukturiert ist, kannst du es immer wieder zur Hand nehmen, um schnell die für dich interessanten Teile zu wiederholen. Das Stichwortregister wird dir dabei eine zusätzliche Hilfe sein.

Inhalt

Hallo und

herzlich willkommen!

„Man verliert die meiste Zeit damit,
dass man Zeit gewinnen will."
John Steinbeck

Scheinbar ist es heute wirklich so: Viele Menschen verbringen unendlich viel Zeit, um ihre Zeit und sich zu organisieren – mit dem Ziel, mehr Zeit zu haben. Sie kaufen sich schnelle Autos (um möglichst schnell ans gewünschte Ziel zu kommen), Zeitplanbücher, elektronische Zeitplansysteme, teure Handys …

Und was ist die Folge?
Gerade diese Menschen klagen weiterhin darüber, dass sie immer weniger Zeit haben. Absurd, oder?
Und noch etwas: Mehr Menschen denn je leiden unter Stresserscheinungen und Stresskrankheiten, wie z.B. Nervosität, Magen- und Darmprobleme, Rückenschmerzen, Kopfschmerzen und Migräne, Schlaflosigkeit, Übergewicht, Sucht nach Alkohol und Zigaretten, Bluthochdruck, Herzerkrankungen etc.
Wer „stresskrank" ist, fühlt sich nicht nur schlapp und ausgepowert, sondern ist auch nicht in der Lage, seine Aufgaben mit Spaß und der nötigen Ruhe erfolgreich zu bewältigen.

In der Ruhe liegt die Kraft

Dies besagt schon ein altes Sprichwort. Und wie das funktioniert, wollen wir dir in diesem Buch zeigen.

In *Kapitel 1* erfährst du, wie Entspannung und Stress auf deinen Körper und Geist wirken und wie wichtig es ist, sich die nötige Zeit für Ruhe und Entspannung zu nehmen.

Entspannungstechniken, die du besonders leicht durchführen kannst und die dennoch sehr wirkungsvoll sind, lernst du in *Kapitel 2* kennen.

In *Kapitel 3* zeigen wir dir, wie du dich in bestimmten Alltagssituationen, in der Schule und Freizeit entspannen kannst.

Zum Abschluss stellen wir dir in *Kapitel 4* unser LernTeam-Relaxing-Training vor, zu dem neben der richtigen Entspannung auch die richtige Bewegung und Ernährung gehören.

Viel Spaß mit unserem Buch und viel Entspannung wünschen dir

Dirk Konnertz & Christiane Sauer
(www.lernteam.de)

Kann ich mich

gut entspannen?

Mit dem folgenden kleinen Test kannst du herausfinden,
wie gut du dich bereits entspannen kannst.
Beantworte dazu bitte folgende Fragen:

1 Schläfst du häufiger schlecht?   ja ⬤ nein ⬤

2 Hast du öfter Kopf- oder
Rückenschmerzen?   ja ⬤ nein ⬤

3 Wirst du vor oder in Prüfungen
unruhig?   ja ⬤ nein ⬤

4 Fühlst du dich nach den
Hausaufgaben ausgepowert?   ja ⬤ nein ⬤

5 Hast du häufiger Zeitdruck?   ja ⬤ nein ⬤

6 Wirst du schnell ungeduldig?   ja ⬤ nein ⬤

7 Fühlst du dich häufig gestresst
oder genervt?   ja ⬤ nein ⬤

8 Lässt du dich leicht provozieren?   ja ⬤ nein ⬤

9 Fährst du bei Streitigkeiten schnell
aus der Haut?   ja ⬤ nein ⬤

10 Fällt es dir schwer, einfach nichts
zu tun?   ja ⬤ nein ⬤

11 Macht dich ruhige Musik, z.B. Klassik,
aggressiv?   ja ⬤ nein ⬤

12 Versuchst du dich vor dem Fernseher
zu entspannen?   ja ⬤ nein ⬤

Mehr als fünf Fragen mit „Ja" beantwortet?
Weil du dich öfter gestresst und ausgepowert fühlst, kommt dieses Buch für dich gerade zur richtigen Zeit. Du wirst lernen, wie du in Zukunft in der Schule, beim Lernen zu Hause, in der Freizeit, bei Streitigkeiten etc. cooler und abgeklärter zur Sache gehen kannst. Mit der richtigen Entspannung wirst du die nötige Energie „tanken", um konzentriert an deine Aufgaben heranzugehen.

Mehr als sechs Fragen mit „Nein" beantwortet?
Du hast zwar nicht permanent Stress, fühlst dich aber hin und wieder mal „ausgelutscht", überfordert oder genervt. Wir möchten dir helfen, einerseits ruhiger und lockerer und andererseits mit mehr Energie und Spaß deine Aufgaben in der Schule und Freizeit zu bewältigen.

Alle Fragen mit „Nein" beantwortet?
Offensichtlich bist du ein Meister der Entspannung! Wenn du die Fragen wirklich ehrlich beantwortet hast, dann kannst du getrost auf das Lesen dieses Buches verzichten – es sei denn, du möchtest noch mehr über das Thema „Entspannung" erfahren als du ohnehin schon weißt.
Ein kleiner Tipp: Solltest du das Buch nicht lesen wollen, dann schenke es jemandem, dem du etwas mehr Entspannung wünschst.

1. Warum entspannen?

Hältst du die Balance zwischen Anspannung und Entspannung?

Wusstest du, dass Stress krank macht?

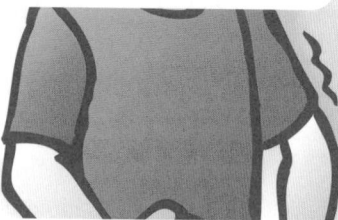

Kannst du durch Entspannung Zeit gewinnen?

Der Mensch ist heute mehr denn je unzähligen Reizen ausgesetzt. Fernsehen, DVD und Video, Computer, Internet, Handy, CD- und MP3-Player etc. schütten uns tagtäglich mit Infos, Bildern, Texten und Tönen zu. Wir werden beschallt, lassen uns berieseln…

Wer sich dabei keine Zeit nimmt, um zur Ruhe zu kommen, abzuschalten und sich zu entspannen, der wird schnell von den Reizen überflutet. Die Folgen: permanente Unruhe und Hektik, fehlende Konzentration, Nervosität, Unzufriedenheit, Aggressionen – purer Stress!

Keine Zeit zum Entspannen?!

Frühstück – Schule – Mittagessen – Telefonieren – Hausaufgaben, dabei Musik hören – Fernsehen – Computer spielen, dabei Musik hören – Abendessen – Telefonieren – Internet – Fernsehen – Schlafen.
Dies ist kein ungewöhnlicher Tagesablauf eines Schülers. Und wie sieht dein Tagesablauf aus? Findest du die nötige Zeit zum Entspannen?

Die Balance halten

Zuviel Anspannung führt zu Stress – zuviel Ruhe führt zu Langeweile. Wichtig ist die Balance zwischen Phasen der Anspannung und der Entspannung.

Fehlende „Balance"?

Anzeichen für eine fehlende Balance zwischen Anspannung und Entspannung sind häufig:

- Du bist unkonzentriert und nervös.
- Du fühlst dich müde und unmotiviert. Dir fehlt der innere Antrieb.
- Du reagierst in schwierigen Situationen hektisch und verzweifelt.
- Du lässt dich leicht provozieren und wirst schnell „stinkig".
- Du fühlst dich schlecht, bist unzufrieden mit dir und der restlichen Welt.

Richtige „Balance"?

Schaffst du es hingegen, die richtige Balance zu halten, dann hat das meist sehr positive Auswirkungen:

● Du kannst dich länger und besser konzentrieren.
● Du bist leistungsfähiger und schaffst in weniger Zeit mehr.
● Du behältst in schwierigen Situationen einen klaren Kopf.
● Du bist ausgeglichen und umgänglich.
● Du fühlst dich gut und bist zufrieden.

Dein Körper benötigt einen ständigen Wechsel zwischen Anspannung und Entspannung. So wie du ausreichend Schlaf zur Erholung brauchst, so wichtig ist es auch, dass du dir am Tag zwischen Leistungsphasen auch immer wieder Entspannungsphasen gönnst. Nur dann kannst du auch 100 % Leistung bringen.

Stress macht krank

Zuviel Stress raubt dem Körper Energie und macht krank.

Stress macht „down"

Wenn es zu einer plötzlichen Stresssituation kommt, dann produziert dein Körper eine halbe Stunde lang das Stresshormon Adrenalin. Dies sorgt für Kraft und Aktivität, zuviel davon verkrampft auf die Dauer jedoch den Körper, macht nervös und drosselt die Ausschüttung von Glückshormonen. Die Folge: Du bist unglücklich, unkonzentriert, unmotiviert und schläfst schlechter.

Adrenalin macht die Blutgefäße porös, dadurch lagern sich dort leichter Kalk und Fett ab und das Risiko für einen Herzinfarkt oder Schlaganfall erhöht sich.

Stress raubt Vitamin C

Wusstest du, dass Stress Unmengen an Vitamin C „verschlingt"? Vitamin C ist lebensnotwendig für dein Immunsystem – also für deine körpereigenen Abwehrkräfte. Ein einstündiger Streit entzieht deinem Körper ungefähr 300 Milligramm Vitamin C.

Das bedeutet, dass du nach einem solchen Streit etwa vier bis fünf Kiwis oder zehn Äpfel essen müsstest, um deinen Vitaminspeicher wieder aufzufüllen!

Raus aus dem Stresskreislauf!

Zu viel Stress hat zur Folge, dass du immer nervöser, emp-findlicher und weniger belastbar wirst. Dein Körper reagiert unter Umständen mit Schlafstörungen, Müdigkeit, Unruhe, Kopfschmerzen, Magenkrämpfen und Muskelverspannungen. Jede weitere Aufgabe, die du in diesem miserablen Zustand bewältigen sollst, führt nur noch zu mehr Stress. Kein Wunder, denn wer kann sich schon unter diesen Umständen wirklich auf eine Aufgabe konzentrieren und eine gute Leistung zeigen? Wie du unten sehen kannst, ist der einzige Ausweg aus diesem Stresskreislauf die Entspannung.

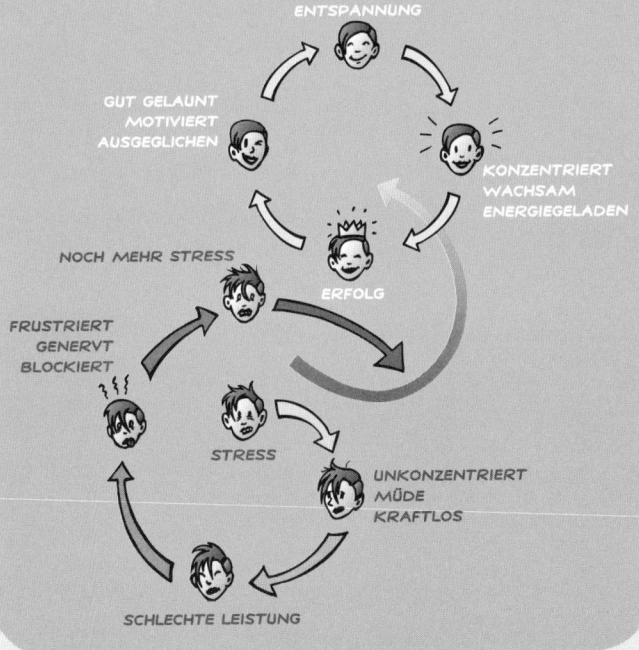

Aber wir haben doch
keine Zeit!?

Vielleicht denkst du jetzt gerade: „Alles Blödsinn! Warum soll ich mir Zeit zum Entspannen nehmen, wo ich doch so viel zu tun habe? Das ist doch vergeudete Zeit!"

Weit gefehlt!

Dein Körper und Geist benötigen den Wechsel zwischen Anspannung und Entspannung. Ohne Entspannung wirst du nicht nur krank, sondern bist auch nicht in der Lage, Leistung zu erbringen.

Eine Entspannungspause von zehn Minuten kann z. B. bewirken, dass du anschließend in 30 Minuten Aufgaben erledigst, für die du ohne eine Entspannungsphase sonst eine Stunde benötigst. Entspannung lohnt sich also auf alle Fälle – auch zeitlich!

Funktioniert das auch beim Fernsehen?

Höchstens um abzuschalten und um auf andere Gedanken zu kommen, aber auf keinen Fall zur Entspannung! Beim Fernsehen werden deine Augen und Ohren von Reizen regelrecht überschüttet. Du hast dabei kaum eine Chance, dich zu entspannen und zu erholen.

Je nach Programmwahl kann Fernsehen sogar das Gegenteil bewirken – du fühlst dich anschließend nervös und gereizt.

Entspannung kannst du spüren

Wenn du entspannt bist, verringert sich dein Herzschlag, dein Atem wird ruhiger, deine Blutgefäße erweitern sich, du spürst eine angenehme Wärme überall in deinem Körper und besonders in der Magengegend, du hast ein Gefühl der Schwere…

Am besten erreichst du dieses Gefühl der vollkommenen Entspannung mit Hilfe von Entspannungstechniken. Wenn du eine Entspannungsübung machst, dann konzentrierst du dich bewusst und ausschließlich auf dich und deinen Körper. Du erholst dich so schneller und besser.

Im nächsten Kapitel stellen wir dir einige einfache und besonders effektive Entspannungsübungen vor.

Zusammenfassung

- **Dein Körper benötigt die Balance zwischen Anspannung und Entspannung. Deshalb ist es wichtig, dass du dir am Tag auch Zeit zum Entspannen nimmst, um 100 % Leistung bringen zu können.**

- **Mit Entspannungstechniken besiegst du den Stress, denn Stress macht dich letztendlich krank.**

- **Wenn du dir Zeit zum Entspannen nimmst, kannst du konzentrierter und mit einem klaren Kopf Aufgaben bewältigen. So sparst du viel Zeit!**

2. Wie entspannen?

Wie kannst du in stressigen Situationen cool bleiben?

Möchtest du Techniken kennen lernen, um dich länger auf deine Hausaufgaben konzentrieren zu können?

Kennst du autogenes Training?

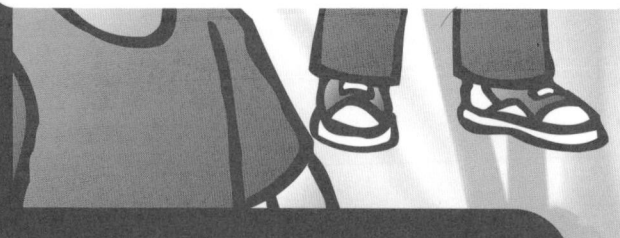

Früher brachte man Entspannungsübungen mit Esoterikern und „Müsli-Essern" in Verbindung. Viele Menschen hatten die positive Wirkung dieser Techniken nicht erkannt. Das ist heute ganz anders. Gerade Sportler, Musiker oder Show-master entspannen sich regelmäßig vor ihren Wettkämpfen bzw. Auftritten. Auch Manager nutzen Arbeitspausen für Entspannungsübungen.

In diesem Kapitel lernst du vier wirkungsvolle Entspannungs-übungen kennen:
- die Atemtechnik
- die Muskelentspannung
- die Fantasiereise
- das autogene Training

Alle Techniken kannst du leicht erlernen und je öfter du sie wiederholst, umso wirkungsvoller sind sie. Die Entspan-nungsübungen werden dir helfen, möglichst schnell und gezielt Ruhe zu finden, Stress abzubauen und in schwierigen Situationen die nötige Ruhe zu bewahren. Suche dir die Übungen heraus, die dir Spaß machen und bei denen du dich wohl fühlst.

Übrigens: Auch Tätigkeiten, wie z.B. Ruhen, Lesen, Musik hören, ein Musikinstrument spielen oder Spazierengehen, können sehr entspannend sein. Vorteil der bewussten und gezielten Entspannungsübungen ist jedoch, dass du dich dabei schneller und besser entspannst.

Mach es dir gemütlich!

Wichtig für eine gute Entspannung ist, dass du dir einen Ort wählst, an dem du dich wohl fühlst und an dem du ungestört deine Entspannungsübung machen kannst. Achte darauf, dass der Raum gelüftet und nicht überhitzt ist!

Entspannen mit Musik

Jede Übung kannst du mit entsprechender Musik unterstützen. Am besten eignet sich Instrumentalmusik in einer Geschwindigkeit von etwa 60 Taktschlägen pro Minute – das entspricht einer ruhigen Herzfrequenz.

Auch die Körperhaltung ist wichtig, damit es nicht zu unnötigen Verspannungen kommt. Entspannungsübungen kannst du im Liegen und im Sitzen durchführen.

Entspannen im Liegen

Wenn du die Übung im Liegen durchführen möchtest, dann solltest du auf dem Rücken liegen. Die Arme legst du dabei locker neben den Körper und deine Beine liegen entspannt nebeneinander.

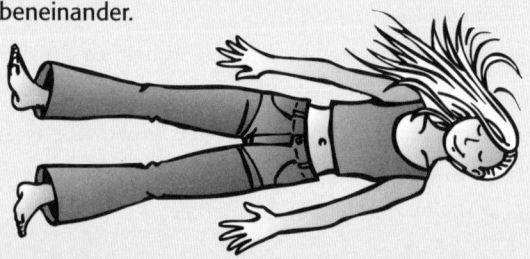

Entspannen im Sitzen

Machst du die Übung im Sitzen, dann rutsche mit dem Po bis an die Rückenlehne. Deine Füße stehen dabei auf dem Boden und deine Hände liegen auf den Oberschenkeln.

Deinen Kopf kannst du entweder aufrecht halten oder wie in der Droschkenkutscherhaltung nach unten fallen lassen.

Während der Entspannungsübung kannst du deine Augen geöffnet lassen oder auch schließen. Mit geschlossenen Augen ist es allerdings in der Regel leichter, sich auf die Übung zu konzentrieren oder seiner Fantasie freien Lauf zu lassen.

Es ist aber auch möglich, dass du deine Augen geöffnet lässt und dabei einen bestimmten Punkt im Raum fixierst.

Die Atemtechnik

Der Vorteil dieser Übung ist, dass du sie zu jeder Zeit und an jedem Ort einsetzen kannst, z.B. vor oder während einer Klassenarbeit, in Lernpausen, auf dem Weg zur Schule, im Bus, während einer Schulstunde oder eines Streits etc. Niemand kann von außen erkennen, dass du eine Atemübung durchführst.

Beim normalen Üben reichen in der Regel drei bis fünf Minuten aus, bist du dich über die Atmung völlig entspannt hast. Je häufiger du trainierst, umso schneller stellt sich der Erfolg ein, so dass du schon nach zehn tiefen Atemzügen wieder locker und entspannt bist!

Und so funktioniert die Atemtechnik

1. Setze oder lege dich bequem hin und lass deine Schultern locker und entspannt herunterhängen.
2. Atme jetzt einige Male ein und aus, bis du ruhig und bereit für die eigentliche Atemübung bist.
3. Atme nun ruhig und tief durch die Nase ein. Dabei atmest du zuerst in den Bauch und dann in die Lunge. Deine Brust und dein Oberkörper dürfen sich dabei nicht verspannen. Während du einatmest, zählst du langsam in Gedanken 1 – 2 – 3.
4. Nun hältst du die Luft an, während du 4 – 5 weiterzählst.
5. Dann atmest du langsam die Luft durch den Mund aus und zählst dabei rückwärts von 5 bis 1.

6. Nach dem Ausatmen legst du eine kurze Pause ein, bevor du wieder neu mit dem Einatmen beginnst.
7. Wiederhole nun das Ein- und Ausatmen mehrere Male, bis du dich ruhig und entspannt fühlst.

Länger ausatmen als einatmen

Der Entspannungseffekt tritt dann ein, wenn das Ausatmen länger als das Einatmen dauert.

Tipp

Wenn du während des Ein- und Ausatmens nicht einfach nur von 1 bis 5 und wieder zurück zählen möchtest, dann kannst du dir z.B. auch vorstellen, dass du (während du einatmest) mit dem Fahrrad einen kurzen Sprint bergauf fährst und dich dann (während du ausatmest) entspannt den Berg wieder hinabrollen lässt.

Die Muskelentspannung

Durch die Konzentration auf deinen eigenen Körper und durch den gezielten Wechsel von Anspannung und Entspannung einzelner Muskelgruppen kannst du nach und nach eine Gesamtentspannung deines Körpers herbeiführen, die auch auf deine Psyche eine positive Wirkung ausüben wird.

So funktioniert die Muskelentspannung

Mache eine Muskelentspannung am besten im Liegen, denn im Liegen ist es leichter, alle Muskelgruppen anzuspannen und zu entspannen.

Unterstütze die Muskelentspannung durch die Atementspannung:

Einatmen während der Muskelanspannung – kurzes Anhalten der Luft und Halten der Muskelspannung – Ausatmen, während die Muskelspannung wieder gelöst wird – ruhiges Ein- und Ausatmen während der erneuten Muskelanspannung.

Tipp

Lies dir den folgenden Text zur Muskelentspannung durch oder lass ihn dir vorlesen.

Gehe schrittweise vor. Beginne heute mit den Armen und nimm jeden Tag einen weiteren Teil deines Körpers hinzu. Je öfter du die Muskelentspannung machst, desto routinierter wirst du dabei.

Atme zunächst einige Male ruhig ein und aus, bis du für die folgende Übung bereit bist.

Jetzt ballst du vor deiner Brust die Finger deiner rechten Hand zu einer Faust, so dass der Druck immer fester wird. Du kannst dir dabei vorstellen, dass du Wasser aus einem Schwamm pressen willst. Der Druck wird immer härter und härter und breitet sich über den Unterarm, das Ellenbogengelenk bis in den Oberarm aus. Halte nun die Spannung einen kurzen Moment und versuche, sie ganz intensiv zu spüren.

Und nun entspannst du wieder. Du merkst, wie der Druck nachlässt und die Spannung aus deinem Arm herausfließt. Atme ruhig ein und aus.

Jetzt ballst du die Finger deiner linken Hand vor deiner Brust ganz fest zu einer Faust. Du drückst immer fester und fester und merkst, wie sich der Druck nun über deinen linken Unterarm und Ellenbogen bis in den Oberarm hin ausweitet. Halte die Spannung einen kurzen Moment.

Und nun entspannst du wieder. Du spürst, wie der Druck aus deinem Arm entweicht. Du atmest ruhig und gleichmäßig ein und aus und genießt das entspannende Gefühl.

Nun ballst du beide Hände vor deiner Brust zu einer Faust. Du erhöhst den Druck immer mehr, bis die Spannung über die Unterarme, Ellenbogen und Oberarme die Schultern erreicht hat. Halte die Spannung für einen kurzen Moment und spüre sie dabei ganz intensiv.

Und jetzt entspannst du wieder. Du genießt, wie die Spannung aus deinen Schultern und Armen entweicht. Atme ruhig ein und aus.

Auf diese Weise kann diese Übung den gesamten Körper durchlaufen: Beine und Füße, Bauch und Po, Arme und Hände, Hals, Nacken und Gesicht.

Und so geht's:

Spanne die angesprochenen Muskelpartien jeweils fünf bis acht Sekunden an und entspanne anschließend jeweils 20 Sekunden. Spüre dabei ganz genau dem Gefühl der Entspannung nach. Lege dich zur Übung auf den Rücken:

Beine und Füße anspannen: Beine strecken, Waden in den Boden drücken, Füße anziehen und Zehen spreizen.

Bauch, Becken und Gesäß anspannen: Bauch anspannen und Gesäß-Beckenboden zusammenkneifen.

Arme und Hände anspannen: Fäuste vor der Brust ballen und zur Schulter ziehen.

Hals, Nacken und Schultern anspannen: Kopf vom Boden abheben und Schultern nach hinten zusammenziehen.

Gesicht anspannen: Stirn in Falten legen, Nase rümpfen, Kiefer zusammenbeißen und Lippen aufeinanderpressen.

Zum Abschluss kannst du alle genannten Muskelgruppen auf einmal anspannen. Halte die Spannung acht Sekunden und genieße anschließend das Gefühl der Entspannung.

Übung macht den Meister

Wenn du diese Muskelentspannung regelmäßig durchführst, wirst du merken, dass du dich von Mal zu Mal entspannter fühlst.

Fantasiereisen

unternehmen

Eine Fantasiereise bringt dich in einen entspannten Zustand und gibt dir eine Menge Kraft und Energie.

Mit einer Fantasiereise begibst du dich gedanklich an einen Ort, der dir ein angenehmes und wohltuendes Gefühl vermittelt. Das kannst du tun, indem du dir selbst eine solche Reise vor deinem inneren Auge vorstellst, oder aber, indem du dich von gesprochenen oder geschriebenen Texten leiten lässt. Jede Fantasiereise besteht aus einer Hinführung, einer Fantasiegeschichte und einer Rückholung.

In die Fantasiewelt „eintauchen"

Ziel der *Hinführung* ist es, langsam aus dem Hier und Jetzt des Raumes in die Fantasiewelt zu gelangen. Schließe deine Augen. Konzentriere dich nun auf deine Atmung und atme langsam tief ein und wieder aus. Spüre, wie mit jedem Ausatmen die Spannung von dir abfällt und wie du mit jedem Einatmen neue Kraft aufnimmst. Finde dein persönliches Einstiegsritual, das du bei jeder Fantasiereise wiederholst.

Mit allen Sinnen reisen

Die darauf folgende *Fantasiereise* kann beliebig variiert werden, z.B. als Reise zum Mond oder in fremde Länder, als Taucherausflug ins Meer etc. Je nachdem, welcher Ort

dir heute Ruhe und Kraft gibt, wählst du dein „Reiseziel"
aus. Erlebe deine Reise mit allen Sinnen.

Frage dich auf deiner Reise immer:

- Was sehe ich?
- Was höre ich?
- Was fühle ich?
- Was rieche ich?
- Was schmecke ich?

Zurück ins Hier und Jetzt

Mit der *Rückholung* kehrst du wieder langsam in das Hier
und Jetzt zurück. Verabschiede dich von deinem Ort der
Ruhe und komme zurück in die Gegenwart. Richte deine
Aufmerksamkeit wieder auf deinen Körper, recke und strecke
dich, gähne laut und öffne wieder die Augen.

Ein Beispiel für eine Fantasiereise

Den nun folgenden Text einer Fantasiereise kannst du dir
vorlesen lassen, während du liegend oder sitzend eine ent-
spannte Haltung einnimmst. Dazu kannst du dir eine ruhige
und entspannende Hintergrundmusik auflegen.

Wichtig beim Vorlesen ist, dass langsam gelesen wird. Die
Dauer der Entspannungsreise beträgt insgesamt ca. 10 bis
15 Minuten. Für die Hinführung und Rückholung werden
jeweils etwa 2 Minuten verwendet. Die eigentliche Ge-
schichte im Mittelteil sollte also 8 bis 10 Minuten dauern.

Ein wundersamer

Waldspaziergang

Die Hinführung

Schließe jetzt die Augen oder suche dir einen Punkt im Raum, an dem du dich mit deinem Blick festhalten kannst.

Du lässt alle Gedanken, die in deinem Kopf herumschwirren, einfach vorbeiziehen und vergisst alles, was um dich herum geschieht.

Achte nun auf deine Atmung. Atme ruhig und gleichmäßig ein und aus. Du kannst dabei spüren, wie mit jedem Ausatmen Anspannung von dir abfällt und wie du mit jedem Einatmen neue Kraft in dich aufnimmst.

Du bist immer gelöster und entspannter.

Du merkst, dass deine Arme ganz ruhig sind.

Und auch deine Beine sind ganz ruhig.

Du spürst, wo dein Körper die Unterlage unter dir berührt und fühlst dich sicher und geborgen. Du kannst nun ganz abschalten und die Ruhe in deinem Körper genießen.

Du bist jetzt bereit für eine wunderschöne Fantasiereise.

Die Fantasiereise

Stell dir nun vor, es ist ein schöner, warmer und sonniger Morgen. Du gehst barfuß auf einem grasbewachsenen Feldweg entlang, der in den Wald hineinführt. Unter deinen Füßen fühlst du das Kitzeln der Grashalme und auf deinen Schultern fühlst du die warmen Sonnenstrahlen.

Du wanderst in den Wald hinein und bemerkst dabei, wie sich der Boden unter deinen Füßen verändert. Du gehst jetzt auf einem warmen und weichen Weg immer tiefer in den Wald hinein und fühlst dich dabei ganz ruhig und sicher.

Das Sonnenlicht schlängelt sich zwischen den Bäumen hindurch und taucht den Wald in eine wunderbare Landschaft aus Licht und Schatten. Wenn du genau hinschaust, dann kannst du unendlich viele Farben erkennen.

Die Luft riecht nach frischem Morgentau, der im Sonnenlicht wie tausend Diamanten auf den Blattspitzen glitzert. Du streichst mit den Händen über die Blätter eines Strauches und spürst die Feuchtigkeit auf deiner Haut. Während du den warmen und weichen Waldweg entlang wanderst, kannst du noch viele andere angenehme Gerüche wahrnehmen: das Harz der Bäume, feuchtes Moos, frische Pilze.

Über dir aus den obersten Wipfeln der Bäume hörst du, wie die Vögel des Waldes ihr Morgenlied singen. Wenn du aufmerksam hinhörst, kannst du die verschiedenen Vogelstimmen voneinander unterscheiden.

In einiger Entfernung vor dir siehst du einen kleinen Hügel am Wegrand, der dicht mit Brombeerbüschen bewachsen ist. Je mehr du dich dem Hügel näherst, umso deutlicher kannst du die vielen dunkelroten Früchte erkennen. Du hast großen Appetit auf die dicken, reifen Beeren und isst so viele davon wie du möchtest. Sie schmecken ganz süß und saftig, nur die helleren sind noch ein bisschen sauer.

Nach dem Essen möchtest du dich ein wenig ausruhen. Du bist noch auf der Suche nach einem geeigneten Platz dafür, als du plötzlich hinter dem kleinen Hügel in einiger Entfernung ein sonderbar helles Licht siehst. Vor dir auf dem Boden entdeckst du einen schmalen, mit Blättern ausgelegten Weg, der genau auf das Licht zuführt. Neugierig gehst du den Pfad entlang und fühlst dich dabei ganz ruhig und sicher.

Als du schon fast bei dem hellen Licht angekommen bist, teilt es sich auf einmal wie ein großer Vorhang in zwei Hälften und gibt dir den Blick frei auf eine wunderschöne Lichtung.

Dies ist die Lichtung deiner Träume! Der Ort, an dem alles möglich ist!

Du gehst ein paar Schritte weiter und hinter dir schließt sich der Vorhang aus Licht wieder.

Du befindest dich jetzt mitten auf deiner Lichtung. Ganz entspannt legst du dich jetzt in das frische Gras und schaust dich genau um. Wie sieht der Ort aus, an dem all deine Träume wahr werden können?

Befinden sich vielleicht Tiere, Menschen oder andere Wesen an diesem Ort? Achte auch genau auf die Geräusche um dich herum. Vielleicht hörst du rauschendes Wasser, Stimmen oder Musik? Während du alles um dich herum wahrnimmst, sind deine Arme und Beine auf eine angenehme Art schwer und warm geworden. Dein ganzer Körper ist angenehm schwer und warm. Du bist ganz ruhig und zufrieden und fühlst dich ausgeglichen und entspannt. Du fängst jetzt an zu träumen. Du bist völlig frei und hast alle Zeit der Welt.

Rückholung

Jetzt ist es langsam wieder an der Zeit zurückzukehren. Schau dich noch einmal genau auf deiner Lichtung um, bevor du dich für heute von ihr verabschiedest.

In der Gewissheit, dass du zu jeder Zeit an diesen Ort deiner Träume zurückkehren kannst, gehst du nun langsam an den Rand der Lichtung. Immer wenn du an diesen schönen Ort denkst, fühlst du Ruhe, Wärme, Kraft und Zufriedenheit.

Der Vorhang aus hellem Licht teilt sich nun wieder vor dir. Du gehst zurück in den Wald, vorbei an den Brombeerbüschen, den warmen, weichen Weg entlang, bis du langsam, in deinem eigenen Tempo wieder im Hier und Jetzt angekommen bist.

Während du wach wirst, genießt du die Ruhe, Schwere und Wärme in deinem Körper. Du spürst jetzt wieder, wo dein Körper die Unterlage unter dir berührt. Bewege deine Hände und strecke und recke deine Arme und Beine.

Du atmest ruhig und tief ein und wieder aus. Wenn du möchtest, kannst du laut gähnen. Du fühlst dich entspannt, stark und zufrieden. Du öffnest nun die Augen und bist wieder gestärkt und entspannt aus deiner Fantasiereise zurückgekehrt.

Autogenes Training

Das autogene Training ist eine bewährte Entspannungsmethode. Diese Technik bewirkt eine vollkommene körperliche und geistige Erholung. Nach der Durchführung des Trainings fühlst du dich einerseits ruhig und entspannt und andererseits energiegeladen. Die Methode kann aber z.B. auch bei Konzentrationsstörungen, Schlafstörungen, Kopfschmerzen, Störungen im Magen- und Darmbereich, Hyperaktivität, Ängsten und Aggressionen helfen.

Die sechs Einzelübungen des autogenen Trainings

Das autogene Training setzt sich aus sechs Einzelübungen zusammen:

- Schwereübung
- Wärmeübung
- Atemübung
- Herzübung
- Bauchübung
- Stirnübung

Beginne im ersten Schritt mit der Schwereübung und gehe erst weiter zur nächsten Übung, wenn du die Schwereübung gut kannst. Das kann durchaus einige Übungstage oder -wochen dauern.

Schritt für Schritt zum Erfolg

Gehe immer dann zur nächsten Stufe, wenn die Übungen der vorherigen Stufen gut klappen. Bis alle Stufen perfekt beherrscht werden, ist von Mensch zu Mensch verschieden. Es geht auch nicht darum, schnell alle Stufen zu beherrschen – wichtiger ist, dass du bei den einzelnen Übungen die Trainingseffekte spürst.

Die Vorbereitung des autogenen Trainings

Mache es dir bequem, lege dich am besten auf den Rücken und schließe deine Augen. Konzentriere dich nun ganz auf deinen Körper, spüre jeden Teil deines Körpers ganz intensiv. Wenn du möchtest, kannst du dich vorher kräftig recken und strecken. Damit baust du deine Muskelspannung ab. Du kannst auch gerne ruhige Musik zu der Übung hören.

Und zum Start die Ruheformel

Wenn du dich bereit fühlst, dann sage dir jetzt die Ruheformel:

Ich bin ganz ruhig.

Denke diese Formel einige Male, bis du so ruhig bist, dass du dich auf dein Training konzentrieren kannst. Atme dabei ruhig und tief ein und wieder aus.

Und nun gehst du weiter zur Stufe 1 des autogenen Trainings.

Stufe 1: Die Schwereübung

Bei dieser Stufe konzentrierst du dich ganz auf deine Hände, Arme und Beine.

Schließe deine Augen und konzentriere dich zuerst auf deine rechte Hand. Versuche sie bewusst zu fühlen. Nun sagst du in Gedanken zu dir:

Meine rechte Hand ist ganz schwer.

Gehe nun schrittweise wie folgt vor:

Meine linke Hand ist ganz schwer.
Meine Hände sind ganz schwer.
Mein rechter Arm ist ganz schwer.
Mein linker Arm ist ganz schwer.
Meine beiden Arme sind ganz schwer.
Mein Nacken und meine Schultern sind ganz schwer.
Mein rechtes Bein ist ganz schwer.
Mein linkes Bein ist ganz schwer.
Meine beiden Beine sind ganz schwer.
Mein ganzer Körper ist schwer.
Mein Körper ist schwer, gelöst und entspannt.

Nach jeder Stufe folgt die Rücknahme

Wenn du den Erfolg verspürst, dann beendest du diese und jede weitere Übung immer mit der Rücknahme. Dazu ballst du die Fäuste, reckst und streckst deine Arme, atmest tief durch und öffnest deine Augen. Solltest du autogenes Training zum Einschlafen machen, erübrigt sich natürlich die Rücknahme.

Stufe 2: Die Wärmeübung

Stelle dir vor, du liegst an einem Strand und die Sonnenstrahlen erwärmen deinen Körper angenehm und wohlig.
Gehe nun wie bei der Schwereübung Schritt für Schritt vor
und sage in Gedanken zu dir:

Meine rechte Hand ist ganz warm.
Meine linke Hand ist ganz warm.
Meine Hände sind ganz warm.
Mein rechter Arm ist ganz warm.
Mein linker Arm ist ganz warm.
Mein Arme sind ganz warm.
Mein Nacken und meine Schultern sind ganz warm.
Mein rechtes Bein ist ganz warm.
Mein linkes Bein ist ganz warm.
Meine Beine sind ganz warm.
Mein Körper ist ganz warm.

Wenn du die Wärme in deinem Körper spürst, kannst du
nach der Rücknahme mit der Stufe 3 weitermachen.

Stufe 3: Die Atemübung

Achte nun auf einen gleichmäßigen ruhigen Atemrhythmus
und sage in Gedanken zu dir:

Mein Atem geht ganz ruhig und gleichmäßig.
Meine Atmung ist ganz ruhig.

Wenn du das Gefühl hast, vollkommen ruhig zu atmen,
geht es nach der Rücknahme mit der Stufe 4 weiter.

Stufe 4: Die Herzübung

Konzentriere dich bei dieser Übung ganz stark auf dein Herz und sage in Gedanken zu dir:

Mein Herz schlägt ruhig und gleichmäßig.

Gerade wenn du ruhig und gleichmäßig atmest, kannst du dem Fluss deines pulsierenden Blutes im Körper nachspüren. Hast du deinen Herzschlag „erfühlt", dann kannst du nach der Rücknahme mit der Stufe 5 fortfahren.

Stufe 5: Die Bauchübung

Stelle dir bei dieser Übung vor, wie z.B. ein warmes Getränk dir den Magen wärmt oder wie eine Wärmflasche auf deinem Bauch liegt und sage in Gedanken zu dir:

Mein Bauch fühlt sich angenehm warm an.

Bei dieser Übung entspannt sich dein Bauch. Wenn du ein warmes und wohliges Gefühl im Magen verspürst, kannst du nach einer kurzen Rücknahme mit der letzten Übung beginnen.

Stufe 6: Die Stirnübung

Nur ein „kühler Kopf" kann klar denken. Stell dir daher vor, wie ein kühler Wind leicht über deinen Kopf streicht und sage in Gedanken zu dir:

Meine Stirn ist angenehm kühl.

Nach dieser letzten Übung des autogenen Trainings solltest du dich vollkommen gut und entspannt fühlen.

Zusammenfassung

● Entspannungsübungen helfen dir, schnell und gezielt Ruhe zu finden, Stress zu vermeiden und in schwierigen Situationen cool zu bleiben.

● Wähle für eine Entspannungsübung einen Ort, an dem du dich wohl fühlst und mache es dir dort gemütlich.

● Schon mit einer einfachen Atemübung kannst du es schaffen, deinen Körper und Geist in einen entspannten Zustand zu versetzen.

● Weitere sehr wirkungsvolle und leicht zu erlernende Übungen sind die Muskelentspannung, die Fantasiereise und das autogene Training.

Machst du beim Lernen bewusst Pausen?

Weißt du, wie du vor und während einer Klassenarbeit cool bleiben kannst?

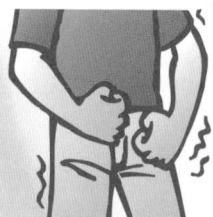

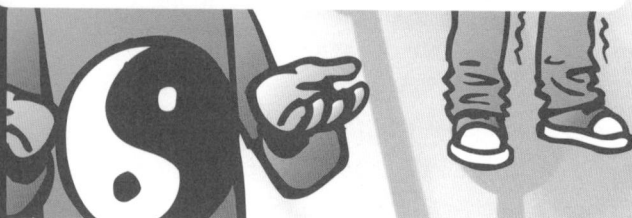

Möchtest du auch in der Freizeit Stress abbauen?

Es gibt viele Situationen, in denen es äußerst sinnvoll ist, sich zu entspannen, z.B.:

- Wenn du dich über einen längeren Zeitraum (z.B. bei den Hausaufgaben) konzentrieren möchtest,
- wenn du unruhig und nervös wirst (z.B. vor einer Prüfung),
- wenn du dich angespannt oder überfordert fühlst (z.B. während einer Prüfung),
- wenn du dich gerade besonders angestrengt hast und dabei an deine körperlichen oder geistigen Grenzen gegangen bist (z.B. nach einer Prüfung oder einem sportlichen Wettkampf),
- wenn du aggressiv und streitlustig wirst,
- wenn du schlecht einschlafen kannst,
- wenn du Kopf- oder Rückenschmerzen hast, du ein unwohles Gefühl in der Magengegend verspürst oder dich sonst unwohl fühlst.

Entspannung als Ritual

Solltest du dich schnell stressen lassen, dann empfehlen wir dir, Entspannung zu ritualisieren, d.h. regelmäßig täglich eine feste Zeit für deine Entspannung zu reservieren.

So kannst du z.B. nach der Schule eine Muskelentspannung und abends vor dem Einschlafen eine Fantasiereise machen.

Wie entspa

Gönne dir Lernpausen

Gerade beim Lernen spielt der Wechsel von Anspannung und Entspannung eine entscheidende Rolle.

Nur wenn du dir regelmäßig Lernpausen gönnst, kannst du auch in Lernzeiten konzentrierter arbeiten. Die folgende Kurve zeigt die durchschnittliche Konzentrationsfähigkeit eines Menschen während einer Stunde.

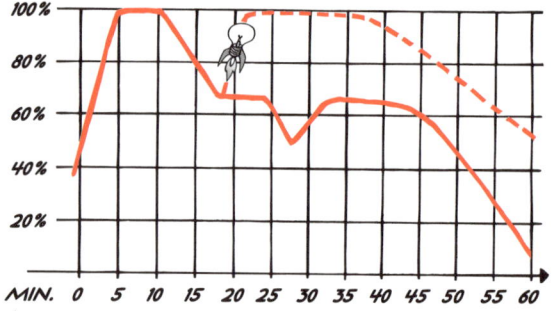

Die Kurve zeigt sehr deutlich, dass Menschen sich nur über eine bestimmte Zeitspanne auf eine Sache konzentrieren können. Je nach Alter steigt zwar die Konzentrationsdauer, aber spätestens nach 30 Minuten ist eine kurze Pause nötig, um anschließend wieder konzentriert weiterarbeiten zu können.

Wenn du jedoch rechtzeitig eine Lernpause einlegst und diese auch richtig, d.h. zur Entspannung und Erholung nutzt, kannst du dich anschließend wieder zu 100% konzentrieren.

Die Konzentrationsfähigkeit hängt auch vom Alter ab

Je älter du bist, desto länger kannst du dich „am Stück" konzentrieren. Eine Untersuchung ergab folgende maximale Konzentrationszeiten je nach Alter:

5-7 Jahre	ca. 15 Minuten
8–9 Jahre	ca. 20 Minuten
10–12 Jahre	ca. 25 Minuten
ab 12 Jahren	ca. 30 Minuten

Ein 11-jähriger sollte also spätestens nach 25 Minuten Lernzeit eine Pause einlegen.

Eine Lernpause von ca. 5 bis 10 Minuten – zum Erholen und Entspannen genutzt – reicht dann in der Regel aus, um anschließend wieder voll konzentriert weiterarbeiten zu können.

Je länger die Lernzeit andauert, desto kürzer sollten die Lernphasen und desto länger die Lernpausen werden. Der Plan für einen Lernnachmittag könnte dann z.B. so aussehen:

Minuten

25	5	20	8	15
Lernzeit	Pause	Lernzeit	Pause	Lernzeit

Und das kannst du in Lernpausen machen

So schöpfst du in Pausen schnell neue Kräfte, um dich danach wieder voll konzentrieren zu können:

Entspanne bei einer Atemübung

Eine fünf- bis zehnminütige Pause eignet sich dazu, um bei einer Atemübung zu entspannen. Atme etwa zehn Mal – wie auf den Seiten 22 und 23 beschrieben – tief ein und wieder aus.

Solltest du dich anschließend schläfrig fühlen, dann recke und strecke dich kräftig wie morgens nach dem Aufwachen.

Mache eine kurze Muskelentspannung

Auch eine Muskelentspannung (S. 24 und 25) ist eine hervorragende Methode, um in Lernpausen den „Akku" wieder aufzuladen. Spanne und entspanne abwechselnd einzelne Körperteile und genieße jeweils das Gefühl, wenn du entspannst.

Höre ruhige und entspannende Musik
Lege dich in eine gemütliche Ecke und höre dabei ruhige und entspannende Musik. Lenke deine Gedanken auf etwas Schönes und unternimm vielleicht eine kurze Fantasiereise (S. 28 bis 33) an einen Ort, der dir neue Kraft gibt.

Gehe an die frische Luft – mache einen kleinen Spaziergang
Solltest du den Drang verspüren dich zu bewegen, dann tue es. Gehe nach draußen an die frische Luft, atme tief den Sauerstoff ein, gehe ein Stück oder laufe langsam. Achte beim Laufen darauf, dass du dich nicht auspowerst und außer Atem gerätst.
Atme anschließend einige Male tief ein und aus, bevor du wieder mit dem Lernen beginnst.

Was du nicht machen solltest

Diese Aktivitäten eignen sich nicht für eine Lernpause, da sie dich nicht wirklich entspannen, sondern nur vom Lernen für kurze Zeit ablenken bzw. dir zusätzliche Konzentration abverlangen:

- Fernsehen,
- Computer oder Gameboy spielen,
- Telefonieren oder SMS schreiben,
- im Internet surfen,
- laute und schnelle Musik hören,
- sportliche Aktivitäten, bei denen du dich auspowerst (z. B. Rennen, Basketball, Fußball etc.).

Cool in Prüfungen

Prüfungen wie Klassenarbeiten bzw. Schulaufgaben, Referate oder mündliche Abfragen können eine Menge Stress auslösen. Hier geben wir dir einige Tipps, damit du in solchen Situationen cool und ruhig bleibst.

Der Tag vor der Prüfung

Für viele Schüler ist der Tag vor einer Prüfung der wahre Horror. Hier findest du einige Tipps, die dir helfen, vor einer Prüfung die Ruhe zu bewahren:

● Plane die Vorbereitung so, dass du am Tag vor der Arbeit nichts Neues mehr lernst. Verschaffe dir höchstens noch einmal einen Überblick über das, was in der Prüfung verlangt wird. Spätestens um 18 Uhr „fällt der Hammer"!

● Lege dir am Abend vor der Prüfung alles zurecht, was du am kommenden Tag benötigst. Packe bereits deine Tasche. Entscheide, was du morgen früh anziehen wirst.

● Iss etwas Leichtes, also z.B. keine Pizza- oder Nudelberge, um nicht mit einem schweren Magen ins Bett zu gehen.

● Mache am Abend ausschließlich ruhige Dinge, schau einen schönen Film an oder höre Musik. Vor dem Einschlafen empfehlen wir dir eine Entspannungsübung. Sehr gut vor Prüfungen eignen sich das autogene Training oder eine Fantasiereise. Lenke deine Gedanken immer auf besonders angenehme Dinge!

Am Tag der Prüfung

● Mache alles gaaanz ruhig! Aufstehen, ins Badezimmer gehen, waschen und Zähne putzen, anziehen, frühstücken, zur Schule gehen… – alles in Ruhe.

● Lass dich von nichts und niemandem aus der Ruhe bringen! Gehe nervigen und hektischen Klassenkameraden („Kannst du mir das noch mal erklären?", „Hast du 'ne Ahnung, was drankommt?" etc.) aus dem Weg.

● Mache direkt vor der Prüfung eine Atemübung, damit du ruhig bleibst.

Während der Prüfung

● Bleib ruhig, wenn der Lehrer den Raum betritt und die Zettel austeilt. Lehne dich entspannt zurück, schließe die Augen und warte ab, bis der Lehrer das Startzeichen gibt. Achte darauf, dass du tief ein- und ausatmest!

● Mache eine Atemübung, wenn du das Gefühl von Nervosität und Unruhe verspürst.

● Nimm deine Körperreaktionen bewusst wahr! Kontrolliere, ob es z.B. deiner Stirn, deinem Nacken, deinem Bauch, deinen Händen und Armen, deinen Beinen gut geht. Beruhige deine Hände, wenn sie schwitzen oder deinen Magen, wenn er grummelt.

● Mache zwischendurch Pausen! Lehne dich zurück und freue dich, dass du schon eine Menge geschafft hast. Und das Atmen nicht vergessen…

Stress im Alltag

– nein danke

Auch in deiner Freizeit gibt es viele Gelegenheiten, nicht entspannt zu sein, sondern hektisch, nervös, aggressiv und schlecht gelaunt zu reagieren.

Auch hier gilt die Devise: Immer ruhig und locker bleiben!

Mensch ärgere dich nicht!

Ärger verursacht Stress. Entweder frisst man den Ärger in sich hinein und belastet sich lange mit negativen Gedanken oder man verpulvert bei einem Gefühlsausbruch eine Menge wertvoller Energie. Drei Tipps zum Umgang mit Ärger:

1. Lass dem Ärger erst gar keine Chance. Frage dich, was er dir bringt: nämlich nichts!

2. Bist du bereits verärgert, dann lass den Ärger raus. Gehe irgendwo hin, wo du alleine bist und brülle dort laut wie ein Löwe: OAAAAH!!! Meistens sieht die Welt danach wieder rosiger aus.

3. Hast du Ärger mit einem anderen Menschen, dann versuche den Konflikt *sofort* zu lösen. Redet miteinander und findet eine Lösung. Vertragt euch oder geht euch demnächst aus dem Weg.

Die Zeit im Griff

Hektik, Nervosität und übermäßige Anspannung entstehen häufig durch Zeitdruck. Du hast dir für den Tag viel zu viel vorgenommen oder aber deine Zeit unsinnig vertrödelt? Nur wenn du deine Zeit im Griff hast, bist du in der Lage, ein entspanntes und stressfreies Leben zu führen. „Zeitchaoten" empfehlen wir übrigens unser Buch „Zeitmanagement – fit in 30 Minuten".

Relaxed im Alltag – Nerven wie Drahtseile

Manche Menschen lassen sich durch nichts aus der Ruhe bringen. Sie ruhen in sich selbst. Versuche einen solchen Menschen einmal auf die Palme zu bringen – aussichtslos! Auch deine Nerven können stärker werden. Wie? Trainiere sie mit Entspannungsübungen. Mache z.B. jeden Tag zehn Minuten lang autogenes Training.

Zusammenfassung

- Bewusste Pausen zur Entspannung sind gerade bei den Hausaufgaben wichtig, um anschließend wieder konzentriert weiterarbeiten zu können.
- Mit Entspannungstraining kannst du vor und während einer Prüfung Ruhe bewahren und einen „Blackout" verhindern. Gerade die Atemtechnik ist eine bewährte Methode, um solche Situationen zu meistern.
- Lass dich nicht ärgern und habe deine Zeit im Griff – dann wirst du dich auch im Alltag niemals aus der Ruhe bringen lassen.

4. Das LernTeam-Relaxing-Programm

Bewegung, Ernährung und mentale Stärke
gehören zusammen – warum?

Weißt du, wie du dich richtig bewegst und ernährst?

Kennst du das Geheimnis mentaler Stärke?

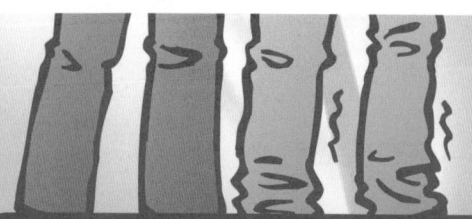

Drei Dinge braucht der Mensch

Zu einem stressfreien und glücklichen Leben gehören drei entscheidende Fähigkeiten:

1. Du bewegst dich richtig.
2. Du ernährst dich richtig.
3. Du bist mental stark.

Unser LernTeam-Relaxing-Programm verbindet diese drei Bereiche. Du lernst, was „richtige" Bewegung ist, wir geben dir Tipps zur richtigen Ernährung und du erfährst, wie du deine mentale Stärke trainieren kannst.

Relaxing bedeutet für dich schließlich körperliches Wohlbefinden, Ausgeglichenheit, Zufriedenheit und Gesundheit – also alles tolle Dinge.

Relaxing durch

richtige Bewegung

Der Mensch entwickelt sich immer mehr zu einem dicken Sitzmenschen, der den ganzen Tag in der Schule, am Schreibtisch, beim Essen, vor dem Computer und abends vor der „Glotze" sitzt.

Fußball, Basketball und viele andere Sportarten sind zwar hervorragend für dich und deine körperliche Fitness. In unserem Relaxing-Programm geht es aber um eine bestimmte Form der Bewegung.

Die Erfolgsformel: Bewege dich im Sauerstoffüberschuss!

Gemeint ist damit das Ausdauertraining, bei dem du während der Bewegung mehr Sauerstoff aufnimmst, als deine Muskeln benötigen. In diesem so genannten *aeroben* Bereich bewegst du dich locker, ohne dich übermäßig anzustrengen. Gerätst du außer Atem, dann bewegst du dich im *anaeroben* Bereich, in dem deinen Muskeln schnell der Sauerstoff ausgeht.

Wenn sich dein Puls so erhöht, dass du zu schnaufen oder zu hecheln beginnst, dann bewegst du dich zu schnell und musst dein Tempo reduzieren. Also: Je langsamer, desto besser!

Relaxed in einer halben Stunde

Bewege dich mindestens dreimal pro Woche jeweils eine halbe Stunde im Sauerstoffüberschuss. Gute Sportarten dafür sind z.B.

- Jogging oder Walking
- Skaten
- Schwimmen
- Rad fahren
- Aerobic
- Skilanglauf

Durch richtige Bewegung…

- vernichtest du Stresshormone, die in deinem Körper zirkulieren.
- produzierst du Glückshormone, so genannte Endorphine, die in deinem Gehirn für gute Laune sorgen.
- „verbrennt" dein Körper überschüssiges Fett.
- wirst du schlauer, da dein Gehirn mit 100% mehr Sauerstoff versorgt wird.
- stärkst du deine körpereigenen Abwehrkräfte – dein Immunsystem. Das hält dich fit und gesund.
- wirst du ruhiger, konzentrierter und ausgeglichener.

Relaxing durch
richtige Ernährung

Die moderne Fast-Food-Generation ernährt sich von Cheeseburger, Pommes, Cola, Chips und Schokolade. Eine solche Ernährung macht nicht nur dick und krank, sondern kann auch Stress, Konzentrationsmangel, Unlust und schlechte Laune verursachen.

Reduziere Fett und Süßes

Verantwortlich dafür sind in erster Linie zu viel Fett und Süßes. Fett macht dick und lagert sich in den Blutgefäßen ab. Süßigkeiten und süße Getränke führen zu kräftigen Blutzuckerschwankungen und verhindern somit, dass dein Gehirn kontinuierlich mit Energie versorgt wird.

Die Erfolgsformel: Iss „Brain food"!

Durch richtige Ernährung versorgst du dich mit den Nährstoffen, die nötig sind, um ruhig und konzentriert an wichtige Aufgaben heranzugehen. *„Brain food"* beeinflusst dein Gehirn positiv. Eine Studie in englischen Schulklassen beweist, dass Schüler mit Gehirnnahrung sogar schlauer werden als andere, die darauf verzichten.

Viel Eiweiß, Vitamine und Mineralstoffe

Dies sind die wichtigsten Nahrungsbestandteile. Eiweiß findest du in Hülsenfrüchten wie Linsen, Erbsen, weißen Bohnen und Körnern wie Reis, Weizen, Hirse, Hafer und Grünkern sowie in Fisch-, Fleisch- und Milchprodukten. Vitamine und Mineralstoffe befinden sich vor allem in frischem Obst, Gemüse und Salat. Versorge dich über den ganzen Tag verteilt damit! Kaufe Salat, Rohkost oder Gemüse beim Biobauern oder aus der Tiefkühltruhe.

Und für den Start: Frühstück fürs Gehirn

Weil dein Gehirn keine Nährstoffe speichern kann, ist es wichtig, dass du es nach der langen Durststrecke in der Nacht am Morgen ausreichend mit Nährstoffen versorgst. Probiere es mal mit einem *Power-Müsli* aus Jogurt, Haferflocken, Bierhefe, einem geraspelten Apfel und/oder einer Banane.

Dies ist die optimale Mischung für einen perfekten und relaxten Start in den Tag. Die Powerstoffe steigern deine Laune und Konzentrationsfähigkeit, du fühlst dich ruhig und entspannt…

Trinken, trinken, trinken

Denk daran, ausreichend Flüssigkeit über den ganzen Tag verteilt aufzunehmen. Am besten ist Mineralwasser mit einem hohen Anteil an Magnesium und Kalzium oder noch besser: Apfelschorle – natürlich ungesüßt!

Relaxing durch

mentale Stärke

Mental stark bist du, wenn du

- an Aufgaben und Herausforderungen positiv herangehst – also an den Erfolg und nicht an einen möglichen Misserfolg denkst,
- in schwierigen Situationen einen klaren Kopf behältst,
- dich von anderen nicht verrückt machen und aus der Ruhe bringen lässt.

Die in diesem Buch vorgestellten Entspannungstechniken – die Atemtechnik, die Muskelentspannung, die Fantasiereise und das autogene Training – werden dir helfen, an mentaler Stärke zu gewinnen.

Füttere dein Unterbewusstsein mit positiven Gedanken

Du steuerst nur ca. 10 % deines Tuns und Handelns bewusst, der Rest läuft völlig unbewusst ab. Dein Unterbewusstsein ist also zu 90 % an deinen Handlungen und Entscheidungen beteiligt. Es entscheidet dabei über deine Einstellung, Motivation und somit auch über Erfolg und Misserfolg.

Je mehr positive Bilder, Erlebnisse und Sätze du in deinem Unterbewusstsein gespeichert hast, umso positiver gehst du an Aufgaben und Herausforderungen heran.

Menschen, die an ein mögliches Scheitern denken, scheitern in der Regel auch. Man nennt dieses Phänomen auch die *sich selbst erfüllende Prophezeiung.*

Umgekehrt hilft dir die positive Einstellung, zuversichtlich an eine Aufgabe heranzugehen. Füttere dich mit positiven Bildern und Sätzen. Am besten funktioniert das in einem entspannten Zustand. Begib dich auf Fantasiereisen an Orte, die dir Kraft geben und mit vielen positiven Erlebnissen verknüpft sind. Stelle dir vor, wie es ist, wenn deine Wünsche und Ziele in Erfüllung gehen. Genieße im Voraus das Gefühl des Erfolgs.

Finde Mutmachsätze

Auch Mutmachsätze geben dir Kraft und Zuversicht. Achte bei der Formulierung deiner Sätze darauf, dass du positiv formulierst.

Schreibe dir deinen Mutmachsatz (z.B. „Ich bin mutig!", „Ich schaffe die 2!" oder „Ich bin vollkommen konzentriert!") auf und hole ihn dir immer wieder in Erinnerung.

Oft wiederholt wird der Satz im Unterbewusstsein „einprogrammiert" und somit dein ständiger Begleiter sein.

Relaxing-Plan

	Montag	Dienstag	Mittwoch
Bewegung	Eine Stunde Skaten	Rad fahren	Fußball-Training
Ernährung	Power-Müsli zum Frühstück Extragroße Obstportion	Power-Müsli zum Frühstück Salatteller zum Mittagessen	Power-Müsli zum Frühstück Nach dem Training Putensteak
Mental-techniken	Mutmachsatz aufschreiben Autogenes Training nach dem Mittagessen	Fantasiereise am Abend vor der Deutsch-arbeit	Autogenes Training nach dem Mittagessen

Donnerstag	Freitag	Samstag	Sonntag
Eine Stunde Skaten	Fußball-Training	Schwimmen	Familien-Radtour
Power-Müsli zum Frühstück	Power-Müsli zum Frühstück	Power-Müsli zum Frühstück	Power-Müsli zum Frühstück
Extragroße Obstportion	Fisch zum Mittagessen	Gemüse-platte zum Mittagessen	Abends Rohkost
	Abends Rohkost		
Autogenes Training nach dem Mittagessen	Autogenes Training nach dem Mittagessen	Muskel-entspannung am Nachmittag	Fantasiereise am Abend (Ich bereite mich dabei mental auf die nächste Woche vor)

Tu dir jeden Tag etwas Gutes

Auf den Seiten 58 und 59 findest du ein Beispiel für einen Relaxing-Wochenplan. Nach diesem Muster kannst du dir selbst ein Programm aufstellen.

Trage für den jeweiligen Tag ein, was du tust, um

- dich richtig zu bewegen,
- dich richtig zu ernähren,
- dich zu entspannen.

Viel Spaß und Erfolg wünschen dir
Dirk Konnertz & Christiane Sauer

Zusammenfassung

- Richtige Bewegung bedeutet, dass du beim Bewegen mehr Sauerstoff aufnimmst als deine Muskeln benötigen. Dabei gilt: Je langsamer, desto besser. Schon eine halbe Stunde Ausdauertraining (Joggen, Skaten, Schwimmen, Rad fahren etc.) reicht aus, um relaxter zu werden.
- Ruhe, Konzentration und Ausgeglichenheit liefern dir die Powerstoffe in der Nahrung: Eiweiß, Vitamine und Mineralstoffe.
- Entspannungsübungen helfen dir, mental stark zu sein. Zusätzlich ist es wichtig, das Unterbewusstsein mit positiven Bildern und Sätzen zu „füttern".

Gemmer, Björn:
Konzentration – fit in 30 Minuten
Offenbach: GABAL Verlag 2001

Hipp, Barbara:
Stressbewältigung – fit in 30 Minuten
Offenbach: GABAL Verlag 2001

Jordan, Alexander:
Entspannungstraining
Aachen: Meyer & Meyer Verlag 1997

Müller, Else:
Hilfe gegen Schulstress
Reinbek bei Hamburg: Rowohlt Taschenbuch Verlag 1984

Petermann, Ulrike:
Entspannungstechniken für Kinder und Jugendliche
Weinheim und Basel: Beltz Verlag 1999

Strunz, Ulrich & Konnertz, Dirk:
Fitness – fit in 30 Minuten
Offenbach: GABAL Verlag 2000

Stichwortregister

**Kennst du schon die anderen Bücher
aus der Reihe „Kids auf der Überholspur"?**

GABAL Verlag · Schumannstraße 163 · 63069 Offenbach
Tel: (0 69) 83 00 66 - 0 · Fax: (0 69) 83 00 66 - 66
www.gabal-verlag.de · E-Mail: info@gabal-verlag.de